ÉLOGE HISTORIQUE

DE

FRANÇOIS PÉRON,

RÉDACTEUR DU VOYAGE DE DÉCOUVERTES AUX TERRES AUSTRALES,

Lu à la Société médicale d'émulation de Paris, séant à la Faculté de médecine, dans la séance du 6 Mars 1811 ;

Par M. ALARD, Secrétaire général.

———

A PARIS,

Chez CAPELLE et RENAND, libraires-commissionnaires, rue J. J. Rousseau, N.º 6.

———

L. P. DUBRAY, IMPRIMEUR DU MUSÉE NAPOLÉON.

1811.

ÉLOGE HISTORIQUE

DE

FRANÇOIS PÉRON,

RÉDACTEUR DU VOYAGE DE DÉCOUVERTES AUX
TERRES AUSTRALES,

Lu à la Société médicale d'émulation de Paris,
séant à la Faculté de médecine, dans la
Séance du 6 Mars 1811;

PAR M. ALARD, Secrétaire général.

FRANÇOIS PÉRON, correspondant de l'Institut, membre de la Société de l'Ecole de
médecine de Paris, des Sociétés médicale
d'émulation, philomatique et des observa-
teurs de l'homme, Rédacteur du Voyage aux
Terres australes, naquit à Cérilly, départe-
ment de l'Allier, le 22 Août 1775.

Ses parents, autrefois dans l'aisance,
étoient loin de jouir des dons de la fortune;
ils n'atteignoient même pas à la médiocrité.
Cependant le jeune Péron montra dès son
bas âge, une si grande vivacité d'esprit, que

sa mère voulant cultiver les heureuses dispo-
sitions qu'elle se plaisoit à voir éclore en lui,
s'imposa de pénibles sacrifices pour être en
état de lui faire apprendre le latin dans le
collége de sa petite ville. Les privations de
cette bonne mère durent être d'autant plus
grandes, que la perte de son époux avoit
entraîné celle du reste de ses biens, et
qu'elle restoit chargée de l'éducation de trois
jeunes enfants, désormais son unique et
chère consolation. Elle ne tarda pas à se
trouver dignement récompensée de ses sacrifices. On s'aperçut bientôt des rapides
progrès que le jeune Péron faisoit dans ses
études; et l'homme instruit autant que respectable qui les dirigeoit, surpris de la facilité avec laquelle cet enfant surmontoit
des difficultés capables d'arrêter des sujets plus avancés en âge, redoubla de soins
auprès d'un tel élève (1).

------

(1) Péron avoit une passion extrême pour la lecture.
Heureusement il avoit à sa disposition un excellent choix
de livres. Sa mère craignant qu'une application aussi
soutenue ne nuisit à sa santé, cherchoit à l'en détourner; mais Péron contrarié dans ses goûts les plus chers,
se cachoit dans les greniers, grimpoit jusque sur les toits
pour y lire avec tranquillité.

En 1791, Péron qui étoit alors âgé de seize ans, avoit fait toutes ses humanités et venoit de terminer la rhétorique. Sa mère le destinoit à l'église; et sur la petite réputation qu'il s'étoit déjà faite au collége, le bon curé de Cérilly consentit à le recevoir chez lui, pour lui donner des leçons de théologie. Ce maître vénérable mit tout son zèle à faire passer dans la tête de son élève, ce que la sienne renfermoit de cette science des choses divines. Mais déjà les Etats-généraux avoient été assemblés; déjà les esprits se tournoient vers la politique et la guerre; déjà les courages s'enflammoient, et la révolution qui venoit de s'opérer, imprimoit à tout un mouvement irrésistible. Les jeunes gens, plus que les autres, entraînés par une imagination ardente et par la générosité naturelle à leur âge, étoient transportés d'un noble enthousiasme. Ces sentiments avoient pénétré dans l'ame de Péron, comme dans celle de ses jeunes camarades; et l'on peut bien croire qu'au milieu de cette bouillante agitation, le bon curé ne fut pas long-temps écouté. Une année s'étoit à peine écoulée, que notre bachelier partit pour Moulins, où il s'enrôla, comme volontaire, dans le deuxième bataillon de l'Allier. Il avoit à cette époque, dix-sept ans.

La conduite qu'il tint, ne tarda pas à montrer que son goût l'avoit déterminé tout aussi fortement que l'exemple, dans la préférence qu'il venoit de donner à l'état militaire. Il fit ses premières armes au siége de Landau, fameux par la détresse où fut réduite la garnison de cette place, et par le courage indomptable qu'elle ne cessa d'opposer aux efforts de l'ennemi. Le deuxième bataillon de l'Allier, peu de temps après qu'on l'eût organisé, reçut ordre d'aller secourir Landau; et ce corps fut même obligé de s'y introduire à travers l'armée des assiégeans. Bientôt admis à partager les honorables périls des braves qu'il venoit secourir, le deuxième de l'Allier fit des sorties vigoureuses, dans lesquelles Péron, qui dans l'origine avoit été promu au grade de sous-officier, donna des preuves d'une intrépidité rare et même du plus grand sang froid dans le danger. Mais son bonheur ne répondit pas à son courage : il perdit l'œil droit pendant le siége de Landau; et lorsqu'après la levée du siége, il vint avec son corps rejoindre l'armée du Rhin, sous les lignes de Weissembourg, s'étant trop écarté, le 26 Décembre 1793, à la bataille de Kayserslautern, il fut blessé et fait prisonnier par les Prussiens. On le conduisit d'abord à Wesel, et bientôt on le transféra dans la citadelle de Magdebourg.

Il n'est pas besoin de peindre la douleur d'un français contraint d'aller, loin de sa patrie, languir dans les fers et traîner une misérable et inutile existence; tous nos cœurs sentent également ce qu'une pareille infortune doit faire éprouver. Péron en fut d'abord vivement affecté ; mais bientôt, au lieu de se désespérer, il chercha les moyens de diminuer le poids de ses chaînes, et sut mettre à profit pour son instruction, les longues et tristes journées de la captivité. Les fatigues attachées à la profession des armes, n'avoient pu diminuer en lui l'amour de l'étude et des lettres; souvent même il avoit fait servir à l'avantage de ses lectures, les désordres de la guerre, qui en détournent tous les autres (1). L'affreux séjour d'une

---

(1) Prenoit-on quelque ville, s'emparoit-on de quelque village ? pendant que les soldats se répandoient çà et là pour arracher quelques misérables pièces d'or, Péron suivi d'un ou deux amis, alloit à la bibliothèque du cou-

prison ne put pas même suspendre son avide besoin de savoir. On le vit, à Magdebourg, employer les chétives ressources qu'il avoit pu dérober à la cupidité farouche des soldats, non pas à se donner des vêtements dont, sans doute, il avoit besoin; non pas même à se procurer des aliments qui auroient, à coup sûr, mieux valu que le pain bis dont il se nourrissoit; de telles privations n'étoient rien à ses yeux. La seule disgrace qu'il pût ressentir, celle qu'il ressentoit de la manière la plus pénible, étoit de se trouver dénué de livres. On le vit donc tout sacrifier pour obtenir cette nourriture de l'esprit, la seule qui lui parut précieuse et qu'il désirât avec ardeur. Il n'en eut pas

---

vent le plus voisin, demandoit la permission de faire un choix de bons livres, en remplissoit un sac, et retournoit l'ajuster comme il pouvoit, sur la voiture destinée aux bagages. Cette bibliothèque d'un nouveau genre étoit-elle lue et bien connue, les amis alloient vider leur sac dans le même couvent ou dans le premier qu'ils rencontroient sur leur passage, faisoient un nouveau choix de livres, aussi rapidement lus que les premiers, et rendus et renouvelés de la même façon. N'est-ce pas là une manière peu commune d'user du terrible droit de la guerre?

plutôt entre les mains, que s'abandonnant sans réserve à des lectures prolongées, il oublia quelques instants, dans le charme des méditations, le malheur qui le privoit de la liberté. Ces méditations, d'autant plus profondes que nul devoir de convenance ne venoit jamais les interrompre, lui inspirèrent sans doute pour les sciences d'observation, ce goût vif et constant qui devoit le porter à s'illustrer un jour. Heureuse captivité! s'il est vrai que Péron lui doive sa gloire, et la France les travaux de cet infatigable voyageur.

Mais cette captivité devoit bientôt cesser. Un heureux échange vint apporter enfin le bonheur dans les familles. Notre prisonnier, mis hors de service par la privation de l'œil droit, obtint un congé de réforme à son retour de Prusse, et se hâta d'aller recevoir les embrassements de sa mère, à Cérilly, où il arriva le 30 Août 1795.

Qui n'a pas éprouvé les douces émotions que fait naître dans le cœur la vue du pays natal! Péron, trop sensible pour ne pas s'y livrer tout entier, goûta pendant quelque temps le plaisir de se retrouver au milieu de ses parents et de ses compatriotes; il se voyoit surtout avec délices dans les bras de sa

tendre et respectable mère. Toutefois, l'activité naturelle de son esprit ne pouvant s'accommoder de l'oisiveté dans laquelle il vivoit depuis son retour, lui fit rechercher les travaux
de l'administration municipale (1); et ces
travaux eux-mêmes n'étant à ses yeux qu'une
oisiveté plus supportable, il prit la résolution
de se placer sur un plus grand théâtre, et
de venir habiter le centre des arts et des connoissances. Pour accommoder son projet à
sa modique fortune, il fit demander et obtint facilement une place d'élève à l'Ecole
de médecine de Paris. Le ministre de l'intérieur le nomma vers le mois de Juillet de
l'année 1797.

Cette faveur le mit au comble de ses
vœux. Il n'avoit pas encore pris congé de sa
mère, que déjà son imagination le faisoit
jouir par avance de tous les moyens de s'in-

---

(1) C'étoit de l'administration de *district*. Péron en
fut nommé secrétaire. Il se trouva dans ce district, en-
vironné d'archives mal en ordre et de papiers en confu-
sion, qu'il entreprit d'arranger. Ce travail aride servit
pourtant à lui faire connoître les avantages d'une classification méthodique, et lui donna cet esprit d'ordre
qu'il porta dans tout, et qu'il conserva jusqu'à la fin de
ses jours, au plus haut degré.

struire que Paris alloit offrir à son avide curiosité. A peine fut-il arrivé, qu'il s'empressa
de se livrer assidument à tous les exercices
qu'on prescrivoit aux élèves, dans la célèbre
école où il venoit d'entrer. Une telle conduite ne pouvoit manquer de le faire distin-
guer de ses professeurs, plus occupés à mo-
dérer son zèle qu'à lui donner les encoura-
gements dont tant d'autres ne cessent d'a-
voir besoin. Mais une seule branche des
sciences humaines ne pouvoit suffire à l'ardeur dévorante qui le portoit vers l'étude;
il continua de se livrer à la poésie pour
laquelle il avoit toujours montré du goût;
bientôt il voulut cultiver tout à la fois les
différentes parties de l'histoire, la géographie et la jurisprudence, qui se rattachent
souvent à l'histoire : il voulut connoître les
mathématiques, l'astronomie, la physique,
la chimie; l'étude des langues ne fut pour
lui qu'un délassement; le latin coula de
sa plume avec autant de facilité que le
français, et il ne tarda pas à posséder le
grec, l'italien, l'anglais et l'espagnol. Jusqu'ici la médecine restoit toujours son objet
principal; l'histoire naturelle vint s'y joindre; il conçut pour elle autant de passion
que pour la médecine, et ces deux scien-

ces lui devinrent plus particulièrement familières. On imagine difficilement comment les jours entiers et même une grande partie des nuits pouvoient suffire à des travaux si nombreux et si variés ; et quoiqu'il se livrât à tant d'objets divers, il trouvoit encore le moyen de consacrer quelques instants à d'aimables distractions, plus douces pour son cœur. Partageant ainsi tous ses moments entre la culture des sciences et les charmes d'un amour vertueux, il voyait arriver l'époque où d'honorables épreuves lui donneroient le droit d'exercer la profession qu'il s'étoit choisie, et sans doute cet avenir lui en présentoit un plus heureux encore.....

Cependant, une expédition lointaine se prépare ; elle a pour objet de faire de nouvelles découvertes scientifiques sur des terres inconnues ; les savants qui doivent la composer, sont choisis et n'attendent plus que le signal du départ ; les astronomes, les géographes, les naturalistes, les dessinateurs, se trouvent rassemblés en nombre double, triple, quadruple, quintuple même. La médecine seule n'est pas appelée à partager les dangers et les fruits d'une si noble entreprise. Péron s'en indigne au fond de sa

retraite; cette idée trouble son repos; peut-
être vient-il s'y joindre un sentiment intérieur qui lui découvre le secret de ses forces; peut-être un vague pressentiment lui
fait-il entrevoir les succès qui l'attendent.
Quoi qu'il en soit, il n'y a plus pour lui de
tranquillité; les espérances que peut lui donner l'honorable profession qu'il embrasse;
l'espoir bien plus doux que l'amour lui permet : tout est oublié, tout cède au désir d'aller chercher de nouvelles lumières à travers
les tempêtes et les dangers d'une longue et
pénible navigation. Il court, il presse, il sol-
licite : jamais l'ambitieux ne remua plus de
ressorts pour arriver à la faveur, que Péron
n'en fit agir alors pour obtenir l'agrément
d'aller sur des plages inconnues, affronter
une mort presque assurée. Mais s'aperce-
vant qu'il ne peut gagner les particuliers, il
veut rendre le public juge de sa cause. Il écrit
à la hâte quelques observations sur l'anthropologie (histoire naturelle de l'homme)
(1); il prouve la nécessité de s'occuper de
l'avancement de cette science; il fait sentir

---

(1) *Observations sur l'anthropologie*, par F. Péron.
Paris, an VIII. De l'imprimerie de Stoupe.

combien il importe d'admettre sur les vaisseaux qui sont près de faire voile pour les
Terres australes, des médecins naturalistes
spécialement chargés de recherches à faire
sur cet objet. « Sans doute il est beau, s'é-
» crie-t-il, d'aller cueillir à grands frais la
» mousse inerte qui végète sous les glaces
» éternelles des pôles; sans doute il est beau
» d'aller poursuivre jusqu'au fond des déserts
» brûlants du Zaara, ces reptiles hideux que
» la nature semble y avoir exilés pour nous
» mettre à l'abri de leur fureur; mais ayons
» le courage de le dire, seroit-il moins beau,
» seroit-il moins utile à la société, d'associer
» aux naturalistes chargés de ces recherches
» importantes, quelques jeunes médecins spé-
» cialement destinés à l'étude de l'homme,
» à recueillir tout ce que les peuples divers
» peuvent offrir d'intéressant dans leurs
» rapports physiques et moraux, soit avec
» le climat qu'ils habitent, soit avec leurs
» mœurs ou leurs habitudes, soit avec leurs
» maladies tant internes qu'externes, soit
» avec les moyens de soulagement qu'ils op-
» posent à ces maladies? » On le voit : ses
raisons sont pressantes, son style est plein
de chaleur. Les promesses qu'il ose faire dans
cet écrit, séduisent par un ton d'assurance

qui frappe et entraîne tout à la fois. De si nobles efforts se trouvèrent enfin couronnés de succès. C'est à vous, savants professeurs qui fûtes ses premiers maîtres à l'Ecole de médecine ; c'est à vous, sur-tout, illustre successeur de Buffon, que la France doit ce choix glorieux, qui vous honore autant qu'il combla de joie l'homme extraordinaire qui en fut l'objet. Grâce à vos soins paternels, Péron n'eut plus rien à désirer : il fit partie de l'expédition, et s'embarqua le 19 Octobre 1800, sur le vaisseau *le Géographe*.

Ici Péron voit s'ouvrir devant lui une immense carrière ; il en fixe l'étendue d'un regard plein d'assurance. Jusqu'à présent, son infatigable activité le portoit à s'instruire de ce que savoit le reste des hommes ; maintenant toute son application se tournera vers des objets qu'ils n'ont pas encore étudiés, et ses veilles seront consacrées à reculer les bornes des connoissances humaines. A son arrivée dans le vaisseau, tout ce qui l'environne reçoit l'impression de son esprit et de son caractère : ses camarades, les officiers même, plus étrangers à la nature de ses occupations favorites, deviennent ses amis, gagnés par la bonté de son cœur et l'aimable franchise de ses manières. Quoique nommé

le dernier parmi les naturalistes, quoique
presque surnuméraire, tous se groupent autour de lui, tous s'empressent de lui être
utiles : il devient comme le centre des opérations. S'il entreprend une expérience, ils
cherchent à le seconder; s'ils en entrepren-
nent eux-mêmes quelqu'une, ils se plaisent
à profiter de ses conseils. Rien ne prouve
mieux l'ascendant du génie, que ce qu'on
voyoit se passer alors sur le vaisseau qu'il
montoit.

L'expédition n'a pas plutôt abandonné les
côtes de France, que Péron conçoit le désir
d'occuper les instants d'une longue traver-
sée, à des travaux importants qui doivent
marquer son passage sur une mer où tant de
voyageurs célèbres ont déjà laissé d'honorables traces. Et d'abord, voulant se procurer
des observations précises sur la température
de l'atmosphère, sur les variations du baromètre et de l'hygromètre, comparées dans
les différentes latitudes de l'un et de l'autre hémisphère ; voulant encore étudier
les différents degrés d'insalubrité que peut
acquérir l'air que les marins sont exposés
à respirer, il s'astreint, dès l'origine, à mon-
ter quatre fois le jour sur la dunette du
vaisseau, puis à descendre à l'entrepont,

et de là dans le fond de cale; et chacun
le voit avec surprise répéter constamment
ses opérations soit en plein air et quelque temps qu'il puisse faire, soit au milieu
d'exhalaisons empestées, et cela tous les
jours, à six heures du soir et du matin, à midi et à minuit. On admiroit qu'il pût allier
ainsi la patience dans les procédés, à la vivacité des conceptions. Mais cette patience
et cette assiduité, quoique remarquables, ne
peuvent intéresser autant que l'ingénieuse
industrie avec laquelle il sait se donner des
instruments qui puissent le seconder dans
ses recherches. Il veut connoître la température des eaux de la mer, à diverses profondeurs; le thermomètre, fixé par une attache
dont la longueur est calculée, plonge et rap-
porte une mesure incertaine; la température
acquise au fond de l'abyme se perd insensiblement en traversant les espaces intermédiaires qu'il faut parcourir avant d'arriver à
la surface. En vain plusieurs savants distin-
gués s'étoient occupés de remédier à cet in-
convénient; en vain s'étoient-ils appliqués à
diminuer la sensibilité de l'instrument par
une enveloppe formée d'une substance non
conductrice du calorique; en vain, dans
leurs nombreuses tentatives, avoient-ils mis

à l'épreuve chacune de ces substances tour
à tour ; les uns avoient été sans doute
plus près que les autres, d'obtenir l'effet,
désiré : mais aucun ne pouvoit encore se flat-
ter de l'avoir obtenu. Péron ne tarde pas à
se convaincre qu'il faut des instruments plus
parfaits pour amener des résultats plus précis, et cet obstacle arrête quelque temps ses
travaux. Il conçoit enfin l'heureuse idée de
réunir autour de son thermomètre, ces substances non conductrices du calorique, toutes à la fois, et rangées de telle sorte, que
les plus hétérogènes entr'elles soient les plus
voisines. Cette dernière disposition lui paroît assurer l'effet de la première, puisqu'il
est reconnu par les physiciens, que la chaleur pénètre d'autant plus difficilement les
corps, qu'ils sont entr'eux d'une nature plus
différente. Un nouvel instrument est bientôt construit d'après ces principes, et l'expérience vient justifier les calculs de l'inven-
teur.

Tandis que Péron s'occupe de cet objet ;
tandis qu'il compare la température de la
superficie des eaux avec celle de l'atmosphère, soit pendant le jour, soit pendant
la nuit ; tandis que le thermomètre ou l'hygromètre à la main, il veille à la sûreté de

l'équipage, en cherchant à reconnoître les causes de l'altération de l'air qu'on se trouve contraint de respirer, un phénomène éclatant et nouveau pour lui, vient le détourner un instant de ses observations. Tout à coup on croit voir dans le lointain la mer se couvrir d'une blancheur de lait qui s'étend à perte de vue. A mesure que l'on approche, l'Océan, dans toute sa surface, étincelle et brille; les vagues paroissent d'immenses nappes de soufre et de bitume embrasés; des milliers d'étoiles semblent jaillir du fond des eaux; des masses resplendissantes, de différentes formes, roulent confusément sous les vagues; des guirlandes éclatantes, des serpentaux lumineux s'agitant dans tous les sens, achèvent d'éblouir l'observateur, ému d'un spectacle aussi pompeux et aussi magique. On ne peut rien concevoir qui surpasse l'effet de ces phosphorescences marines. Bientôt le vaisseau paroît voguer à travers des flammes et des feux étincelans. A cette distance, l'œil des naturalistes ne se laisse plus imposer: il découvre avec facilité, que ce phénomène brillant est dû tout entier à des animaux phosphoriques soulevés et portés par les flots. Péron s'en procure, les observe dans le plus grand détail, et met, dès ce moment, au rang de ses occupations les plus constantes et les plus chères, celle de recueillir et d'étudier ces animaux et tant d'autres de la même classe, tout aussi remarquables, quoique privés de leur éclat. Les enlever, les décrire et les mettre à l'abri de la destruction par des procédés variés autant qu'ingénieux, voilà les plaisirs qui pourront seuls le distraire du reste de ses travaux. Lesueur, qui partage et ces plaisirs et ces travaux; Lesueur, l'ami que son cœur a choisi dès le principe, l'ami qu'il aime de préférence, tantôt s'occupe à dessiner ou à peindre ceux de ces êtres qui présentent le plus d'intérêt, et tantôt s'efforce d'en recueillir lui-même. Qu'on se figure ces deux amis, penchés tour à tour sur les côtés du bâtiment, les yeux fixés sur la vaste mer qu'il sillonne, épier jusqu'au moindre de ces animaux; qu'on se figure la constance qu'ils mettent à répéter chaque jour cette assujettissante perquisition; qu'on se représente encore l'immense étendue des plages qu'ils vont parcourir, et l'on concevra l'espérance de les voir s'enrichir d'une multitude de faits nouveaux sur l'organisation et les mœurs de cette innombrable famille de mollusques et de zoophytes, presqu'entièrement ignorée des savants.

Mais la terre paroît à l'extrémité de l'horizon. L'Isle de France va bientôt offrir à notre voyageur un sujet de nouvelles recherches. Les variations des saisons, les vents, les pluies, les orages, en un mot, les divers météores, la constitution et les produits du sol, la santé et les maladies des habitants, vont être observés et décrits avec la plus scrupuleuse exactitude. Cependant, à peine a-t-on mouillé l'ancre, et déjà tout semble prédire un avenir sinistre. On croyoit voir arriver à bord des rafraîchissements en abondance, et par l'effet d'une sordide avarice ou de quelque coupable spéculation, on n'y reçoit même pas les provisions les plus indispensables. Le peu d'aliments qu'on embarque, sans doute acquis à vil prix, comme déjà détérioré, se trouve d'une qualité plus capable de nuire, que de soutenir les forces. Effrayés avec raison de ces préparatifs, et d'ailleurs fatigués des vexations qu'ils n'ont cessé d'éprouver depuis le départ de France, quarante des meilleurs matelots désertent; un grand nombre d'officiers, de naturalistes, de peintres, reste dans la colonie : chacun se hâte d'abandonner un chef dont la dureté ne semble promettre qu'indignes traitements, et dont l'avarice fait craindre la misère et la famine pendant le cours d'une longue navigation. Péron ne peut s'aveugler sur l'affreuse perspective qui se présente; mais sa résolution n'en est point ébranlée : il se rallie au petit nombre des hommes courageux restés fidèles à leurs premiers desseins : tous s'unissent étroitement par les liens d'une indissoluble amitié; tous jurent de se prêter un mutuel secours, afin d'arriver ensemble au but commun : le succès du voyage. Ils partent dans cette noble résolution; et, pour ainsi dire, encore dans le port, ces infortunés éprouvent déjà les effets d'un dénuement presqu'absolu : triste prélude et principale source des malheurs qui devoient les accabler par la suite!

Quoi qu'il en soit, dès que l'infatigable Péron se trouve dans les régions inconnues qui doivent plus particulièrement devenir le théâtre de ses observations, il brûle de multiplier ses travaux et d'accroître ses découvertes. Les journées sembloient ne pouvoir suffire aux recherches déjà commencées, et cependant il trouve le moyen d'en entreprendre un grand nombre de nouvelles. Tantôt on le voit recueillir des coquillages sur ces bords étrangers qui lui en présentent à chaque instant ou de rares ou de totalement inconnus; tantôt franchissant les dunes, il s'avance dans les terres, observant avec la même curiosité les animaux, les végétaux et les minéraux; il désire sur-tout approcher les naturels de ces contrées sauvages; tout ce qu'il peut tenter pour y parvenir, il le tente au péril de sa vie; plus d'une fois menacée dans ces courses lointaines. S'il les voit attroupés, il court les joindre avec assurance; s'ils fuyent, il marche sur leurs pas dans les forêts; s'ils l'attendent, il se mêle avec eux sans crainte, quoique ces misérables aient donné plus d'une preuve de leur cruelle perfidie. Ainsi confondu parmi ces barbares, il étudie leur constitution physique, leurs mœurs, leurs coutumes; il décrit leurs logements, leurs armes, le peu d'ornements ou de vêtements qu'ils portent; il s'applique à former un vocabulaire de leur langage informe, tandis que ces furieux brandissent sur sa tête la terrible zagaie pour lui arracher quelques chétives dépouilles; et lorsqu'échappé à ce danger, il retourne à bord chargé de tout ce qu'il a pu rassembler de nouveau ou de susceptible d'intérêt, accablé de fatigues et baigné de sueur, au lieu de se livrer au repos et de s'abandonner au sommeil dont ses membres endoloris éprou-

vent un si grand besoin, il passe les nuits à
ranger dans un ordre méthodique, à décrire
et à préparer les individus ou les substances
qu'il a rapportés au vaisseau comme en
triomphe.

Toutes les journées, la plupart des nuits
sont employées de la même manière : nulle
fatigue, nul danger ne le décourage; rien ne
peut arrêter son inconcevable activité. Les
belles espèces de trochus, de patelles, de
cônes, de volutes, s'offroient assez commu-
nément sous ses pas dans l'île Bernier, mais
toujours mortes et roulées. Il suppose que
les individus vivants se tiennent dans les an-
fractuosités d'une roche aiguë qui se pro-
longe à quelque distance dans la mer, et
c'est là qu'il veut les aller saisir, malgré l'im-
minent danger d'une telle entreprise. Il parvient en effet à détacher de la roche quel-
ques-uns de ces animaux; mais aussitôt une
lame violente l'enveloppe, l'entraîne et le
roule sur ces affreux récifs. Ses habits sont
à l'instant mis en pièces, son corps est cou-
vert de blessures, le sang ruisselle de toutes
parts. Revenu de la première surprise, il rassemble ses forces pour échapper au danger,
et se traîne comme il peut sur le rivage où
il s'évanouit, exténué par la douleur et par

la quantité de sang qu'il a perdue. Touchés de le voir dans ce triste état, ses camarades ne peuvent s'empêcher de verser des larmes. Ils lui prodiguent des secours empressés, et deux jours de repos suffisent pour rendre à Péron ses forces et son activité. Bientôt il recommence ses incursions favorites. Entraîné par son zèle et par le plaisir de faire de nouvelles découvertes (car presqu'à chaque pas il en fait d'importantes), il se laisse une autre fois surprendre par la nuit à une grande distance du rivage. Lorsqu'il veut revenir sur ses pas, il s'égare au milieu des dunes et des broussailles. Quoique surchargé de collections, il marche avec rapidité, croyant se diriger vers le lieu où ses amis doivent l'attendre. Il arrive à l'extrémité de l'île, et s'aperçoit avec douleur qu'il est sur le côté tout à fait opposé à celui qu'il désiroit atteindre. Le malheureux tombe de lassitude et d'inanition; peut-être va-t-on l'abandonner sans retour; peut-être ne reverra-t-il jamais sa patrie, n'embrassera-t-il plus sa mère! cette idée ranime ses forces; il recommence une course pénible et rétrograde. Sa marche est ralentie tantôt par de longs herbages qui se pressent à la surface du sol, tantôt par des arbrisseaux plus vigoureux, qui lui interdisent tout passage, et le forcent à de longs détours. La nuit déjà fort avancée, l'empêche de discerner où il porte ses pas. Enfin, accablé de lassitude, inondé de sueur, il sent fléchir ses genoux et tombe sans pouvoir se relever. Réduit à passer la nuit dans cet affreux désert, il s'y résigne, s'arrange de son mieux dans les sables encore échauffés de la chaleur du jour, et s'endort bientôt d'un profond sommeil. Homme extraordinaire! quel pouvoir peut t'inspirer ce courage au - dessus des forces humaines(1).

Tels sont les dangers que Péron ne cesse d'affronter; tels sont les travaux qu'il s'impose pour enrichir l'Europe des produits de ce nouveau monde, dont il s'est fait le plus ardent explorateur. C'est à ce prix qu'il peut recueillir le grand nombre d'observations que chaque jour lui voit faire; c'est à ce prix que sont rassemblées les immenses collections qu'il doit montrer bientôt aux yeux de la France étonnée. Heureux! si des maux plus cruels et plus inévitables, si des maux con-

____

(1) Le lendemain, Péron se remit en route, et parvint enfin à trouver la chaloupe, où son ami, M. Piquet, avoit eu la constance de l'attendre, malgré les ordres du commandant, qui vouloit l'abandonner sur ces rivages.

tre lesquels le courage ne peut être d'aucun secours, n'étoient pas venu l'assaillir dans un vaisseau qu'il devoit regarder comme un asile, et qui fut pour lui mille fois plus dangereux que les déserts qu'il avoit parcourus. Mais pour réparer ses forces épuisées par tant de courses pénibles et lointaines, par tant de veilles prolongées, il ne trouve à bord que des aliments corrompus que les vers ont à moitié rongés, et dont la vue seule inspire le dégoût; il ne reçoit, pour étancher la soif qui le dévore, qu'une faible portion d'eau douce qu'on lui mesure même avec une extrême parcimonie. L'affreuse disette qui tourmente depuis long-temps l'équipage, fait naître le scorbut, et donne à ce fléau l'activité la plus meurtrière. C'est en vain qu'on espère échapper au danger, en faisant une relâche dans l'île de Timor. Le séjour de cette île funeste, produit, à la place de ce scorbut terrible, une dyssenterie plus cruelle encore. Péron voit bientôt succomber ses camarades, ses amis les plus intimes; il les voit autour de lui mourir avec une effrayante rapidité; les malheurs se multiplient; son cœur éprouve chaque jour une douleur nouvelle. Toutefois, méprisant le danger qui le menace, il prodigue aux malades les soins les plus touchants. Les médecins de l'expédition, qui déploient en cette circonstance un zèle qu'on ne peut trop louer (1), s'adjoignent un tel confrère, dont les avis leur sont précieux. Ainsi réunis, ils cherchent par tout des remèdes efficaces; ils vont jusque dans les entrailles des cadavres, étudier les causes de cette calamité: vaines recherches! la fuite est l'unique recours. On s'empresse de quitter cette terre inhospitalière, non sans verser des larmes de regret sur la tombe des amis qu'on y a perdus. On fuit, et l'on emporte avec soi le germe du mal, et la mer reçoit tous les jours quelque nouvelle victime. Après plusieurs mois de navigation, lorsqu'à peine on commence à respirer, le scorbut reparoît avec plus de violence que jamais. Les ravages en sont d'autant plus grands, qu'il attaque des corps doublement exténués par la famine et par la dyssenterie. Officiers, naturalistes, matelots, tous ont éprouvé les mêmes privations, tous en ressentent les mêmes sui-

____

(1) Ces estimables confrères étoient MM. L'Haridon, mort depuis à Brest; Bellefin, médecin de la marine, au Hâvre; Taillefer, chirurgien des marins de la garde impériale.

tes. Péron se voit encore une fois entouré de mourants et de morts; il est encore une fois déchiré par le spectacle de la douleur et par la perte de ses amis, des compagnons de ses travaux; lui-même est frappé des atteintes funestes de cette épidémie dévorante. Trois hommes restent seuls pour faire les manœuvres, qui ne peuvent plus s'exécuter : on va périr..... Tout à coup des cris de joie se font entendre : l'espérance renaît au fond des cœurs : on découvre de loin la terre, et le port Jakson vient offrir à ces malheureux un refuge assuré contre tant d'infortunes.

Dès que l'affreuse maladie qui tient ses membres engourdis, paroît vouloir céder à l'heureuse influence des aliments et du climat, Péron reprend une activité nouvelle. Surpris de trouver à cette extrémité de la terre qu'il croyoit à peine habitée, les lois, les institutions, le luxe même de l'Europe civilisée, il recueille sur cette colonie singulière de la Nouvelle-Galles, des renseignements qui doivent avoir un égal intérêt, et pour l'administrateur, et pour le politique, et pour le philosophe même. Ce n'est plus ici le naturaliste ou le médecin, c'est un homme qui sait entrer avec sagacité dans les moindres détails d'une administration sage et sévère, dont l'influence sur les mœurs doit être le sujet de méditations profondes ; c'est un homme qui sait tout voir, tout étudier, qui sait étendre ses vues avec les chefs du gouvernement, et calculer le produit du sol avec l'agricole spéculateur. Mais, que dis-je? c'est en même-temps ce naturaliste, ce médecin dont nous avons déjà si souvent admiré le courage, car il ne cesse, par ses travaux, de se montrer tel encore. Pendant qu'il visite avec le plus grand détail, le port, les arsenaux, les magasins, les édifices publics, les maisons particulières, la ville et la campagne, il rassemble une suite d'animaux aussi riche que variée; il décrit le cours et les débordements des rivières de la Nouvelle-Hollande; il observe les variations de la température, la direction et la force des vents; il s'instruit de la nature particulière des orages dans ces contrées lointaines : travaux d'autant plus importants, qu'ils enrichissent la science utile de la météorologie, beaucoup moins avancée qu'elle ne devroit l'être.

Cependant la mort a moissonné la plupart des naturalistes de l'expédition, et les mauvais traitements, les maladies, les fatigues de tout genre, ont réduit les autres à un état de langueur pire que la mort. Resté seul de tous ceux que le Gouvernement avoit chargé de recherches d'anthropologie et de zoologie, Péron conserve du moins Lesueur, son infatigable et constant ami. Tous deux également unis par le zèle et par l'amitié, s'embarquent de nouveau, sans être retenus par les tristes exemples qu'ils viennent d'avoir sous les yeux. Ils vont continuer leurs découvertes sur les côtes méridionales , occidentales et septentrionales de la Nouvelle-Hollande; et ce qu'on aura de la peine à croire, c'est que les deux amis redoublant d'ardeur et de dévouement (1) , recueillent une collection zoologique plus considérable que celle qui avoit été rassemblée avant d'arriver au port Jakson. Enfin, après six mois d'une pénible

---

(1) Ce dévouement étoit bien partagé par leurs bons amis MM. Freycinet frères, Ransonnet et Montbazin, qui voulurent toujours se priver, ainsi qu'eux, de leur ration de rhum et de rack, pour conserver les animaux recueillis par ces infatigables naturalistes. Cette générosité, car c'en étoit une grande dans cette circonstance, les mettoit au dépourvu de toute espèce de boisson spiritueuse, puisqu'on avoit entièrement supprimé la ration de vin depuis l'Isle de France.

navigation , ils revoyent cette île de Timor, qui naguère avoit été si funeste à leurs
malheureux compagnons (1). Ils touchent
au terme de leurs travaux; il ne reste plus
qu'à pénétrer dans le golfe de Carpentarie;
mais après d'infructueux efforts, on ne peut
y parvenir. Le vaisseau combattu par les
courants et la mousson contraires, fatigué
par une tourmente continuelle, encore une
fois encombré de malades, privé de médica-
ments, est contraint de faire voile pour l'Isle
de France, et de se diriger bientôt après vers
l'Europe. On débarqua au port de Lorient, le
7 Avril 1804 (2). Telle est la fin d'une expé-

____

(1). Les travaux de Péron et de M. Lesueur, pendant
cette relâche , furent prodigieux. Ils furent ensemble à la
chasse du crocodile, dans la baie de *Babâô*. Lesueur vint
à bout de tuer un de ces animaux, que les deux amis
rapportèrent à Coupang, avec des peines et des fatigues
inouies. On en voit le squelette dans les galeries d'ana-
tomie du Jardin des Plantes.

(2) Avant d'arriver en Europe, on relâcha au Cap de
Bonne-Espérance. Péron étoit malade à cette époque. Les
fatigues extraordinaires, les travaux sans nombre auxx-
quels il se livra comme de coutume, le frappèrent d'un
coup dont il ne devoit jamais se relever. Il l'a dit lui-
même plusieurs fois depuis : *Le peu de ménagements que
j'ai pris au Cap de Bonne-Espérance, sera cause de
ma mort.....* Triste prognostic qui ne s'est que trop tôt
vérifié !

dition désastreuse, qui a coûté la vie à la plupart des savants courageux qui l'avoient entreprise, et qui seroit à jamais détestée, si Péron, le jeune Péron n'avoit pas obtenu, par ses vives instances, la grâce d'en faire partie.

En effet, s'il est des succès capables de faire oublier de tels malheurs, on doit sans doute mettre de ce nombre les précieux résultats des travaux de ce médecin naturaliste. Ces sortes d'expéditions scientifiques se composent d'une milice destinée à des conquêtes pénibles, mais importantes et glorieuses. Quel que soit le nombre et le prix des victimes sacrifiées, l'intérêt qu'on leur porte ne sauroit étouffer les cris de la victoire; et quelle victoire en faveur des sciences, que celle qui présente pour trophées un si grand nombre d'observations nouvelles et curieuses sur la constitution physique et sur le caractère moral de plusieurs peuples inconnus; sur les maladies des régions équatoriales et sur les moyens de s'en préserver; qui présente toutes les circonstances de la température, des lieux, des saisons, des mœurs, des habitudes, des aliments, scrupuleusement observées et recueillies sur un espace immense de terres et de mers;

quelle victoire, que celle qui nous rend pos-
sesseurs d'une riche collection d'animaux
divers, et presque tous nouveaux, composée
de plus de cent mille individus, fournissant
plusieurs genres importants, et donnant plus
de deux mille cinq cents espèces nouvelles;
qui nous offre à la suite de cette immense
collection, des descriptions toujours faites
sur les animaux vivants, d'après une méthode
uniforme et absolue, pour la première fois
employée par les voyageurs; qui présente
enfin ces mêmes objets conservés avec tant
de soin, qu'il en est peu qui ne puisse servir au naturaliste jaloux de les décrire, comme à l'artiste qui voudroit les dessiner ou les
peindre (1)! Une telle réunion de travaux est
d'autant plus remarquable, qu'elle est de
beaucoup supérieure à tout ce qu'on avoit
précédemment exécuté dans ce genre. Péron
seul, aidé de son ami Lesueur, a fait plus de
découvertes intéressantes, a décrit plus d'a-
nimaux nouveaux, que les Carteret, les

____

(1) Cette collection si fort au-dessus de tout ce qu'on
avoit vu jusqu'alors, étoit accompagnée d'une quantité
presque innombrable de dessins, tous faits par M. Lesueur, avec un soin et une perfection des plus rares.

Wallis, les Furneaux, les van Couver, que le célèbre Cook lui-même et les voyageurs français réunis. C'est du moins ce que ne craint pas de proclamer l'un des meilleurs juges du siècle, en ces matières (1).

Mais où me laissé-je entraîner par l'intérêt qui me pénètre, sans que je puisse m'en défendre? Les travaux de Péron sont grands, sont extraordinaires sans doute; et cependant ce seroit être injuste, que de les regarder comme faisant seuls la gloire de cette expédition si brillante et tout à la fois si malheureuse. Ne doit-on payer aucun tribut de louanges à ses deux infortunés collègues, *Maugé* et *Levillain*, morts victimes de leurs premiers efforts? La minéralogie ne s'honore-t-elle pas de ses *De Puch*, de ses *Bailly*, dont les recherches nous ont valu des connoissances plus exactes sur la conformation générale et sur la nature du sol de la Nouvelle-Hollande? La botanique n'a-t-elle pas eu ses *Leschenaut*, ses *Riedlé*, ses *Sautier*, ses *Guichenaut*, dont les incursions pénibles et si souvent renouvelées, ont produit une collection de deux mille huit cents

---

(1) M. Cuvier, dans son rapport sur cet objet.

espèces de plantes de toutes grandeurs, parmi lesquelles quatre cents ont été transpor-
tées vivantes, au milieu des plus cruelles
privations, des Terres australes au sein de
notre patrie? On y compte aujourd'hui ces
végétaux par milliers; déjà nos départements
méridionaux les cultivent en pleine terre ;
partout ils sont répandus avec une profusion
limitée seulement par le goût dans nos jar-
dins qu'ils embellissent ; ils promettent à
l'industrie une nouvelle sorte de lin, des bois
d'une grande beauté ou d'une solidité qui le
dispute à ceux que nous possédions avant
eux; et notre reconnoissance ne payeroit
pas de tels services? Ne sait-on pas encore
que les *Bernier*, les *Boullanger*, les *Faure*, les
Louis et *Henry Freycinet*, sont parvenus à
faire d'importantes découvertes, soit en astronomie, soit en géographie, malgré les op-
positions bizarres et sans cesse renouvelées
d'un chef qui paroissoit se faire un plaisir
de mettre obstacle à tout ce qui auroit pu
lui fonder une gloire durable? C'est en s'ex-
posant mille fois à toutes les horreurs d'une
mort prématurée, que ces savants et ces navigateurs sont allés explorer des terres nouvelles que personne avant eux n'avoit visi-
tées ni même entrevues, ou des îles déjà

connues, mais dont la position avoit été mal
déterminée. On a dressé trente-trois grandes
cartes d'après leurs travaux, qui ont eu pour
base la détermination géométrique de plus
de cinq cents points principaux, et de plusieurs milliers de points de détail; et nous
méconnoîtrions de tels résultats? Loin de
nous une telle pensée! Toutefois, il faut en
convenir, les travaux exécutés par notre médecin naturaliste, offrent un caractère d'ensemble et d'intérêt qui les place toujours au
premier rang. Et d'ailleurs ces mêmes résultats, dont chacun des savans que nous venons
de faire connoître a droit de se glorifier pour
la partie qui le concerne; ces fruits de tant
de fatigues et de dangers, que seroient-ils
devenus aujourd'hui, sans l'activité que Péron déploya pour obtenir qu'ils fussent publiés? Ils seroient restés dans un profond ou-
bli, et les hommes courageux à qui la France
les doit, gémiroient encore sous le poids
d'injustes préventions.

Dans le même temps qu'à travers les orages et les écueils d'une mer inconnue, Péron
et ses intrépides camarades rassembloient
ces vastes collections des contrées australes,
dont ils vouloient enrichir leur patrie, les
bruits les plus fâcheux et les plus fondés s'é-

levoient de toutes parts contre le commandant de l'expédition, depuis l'arrivée du vaisseau *le Naturaliste*, qui en faisoit partie. Les préventions qui s'en étoient suivies rejaillirent bientôt sur l'expédition elle-même, et l'on se rappelle encore avec une sorte de honte, de quelle défaveur se trouvoient frappés les débris de cette grande entreprise, lorsque le dernier vaisseau, *le Géographe*, toucha les plages européennes (1). Les travaux de ces hommes courageux, leur dévouement, leurs malheurs même étoient devenus contre eux des motifs d'accusation ou de mépris public.

Dans les premiers moments d'une réception aussi peu prévue qu'elle étoit peu méritée, Péron consterné, regretta de n'avoir pas subi le triste sort de ses amis, à l'île de Timor ou à l'île Maria. Cependant, rassuré par sa conscience et par les témoignages non équivoques de ses succès, il résolut de tout entreprendre pour faire tomber le bandeau qui couvroit les yeux, non de la multitude ignorante, mais des savants et des personnages les plus illustres. Quoique d'abord il se fût

---

(1) Il revint un an plus tard que *le Naturaliste*.

empressé d'aller chercher du repos et des
consolations au milieu d'une famille chérie,
et dans le lieu qui l'avoit vu naître; quoique
portant dans son sein les germes d'un mal
destructeur; quoique déjà frappé du coup
mortel, il s'arrache des bras de sa mère, qui
lui prodigue, hélas! ses derniers embrassements, et qui doit si tôt le précéder dans la
tombe (1)! Il arrive dans la capitale, et là,
par des démarches multipliées, par des solli-
citations pressantes, par ses écrits, par ses
discours, il parvient enfin à faire cesser l'a-
veuglement dont ses amis et lui-même se trouvoient les victimes. Le dépositaire de l'auto-
rité, frappé de la clarté, de la rapidité, de l'ensemble, j'oserois dire de l'éloquence avec laquelle il développe les beaux résultats d'une
expédition si injustement décriée, le charge
expressément de les faire connoître, dans une
relation qui doit être publiée sous les auspi-
ces et aux frais d'un Gouvernement ami des
sciences. C'est ainsi que la même activité

---

(1) Ce fut peu de temps après, qu'il perdit cette tendre mère. Elle lui laissa pour héritage une honorable
pauvreté, et deux sœurs dans l'infortune, dont il devint
l'unique soutien. L'une d'elles est une veuve chargée de
trois enfants en bas âge.

qui avoit soutenu Péron dans tous ses travaux, lui servit encore, dans cette circonstance, à les faire apprécier comme ils devoient l'être, et sur-tout à faire sentir le
mérite de ceux qu'avoient exécutés ses
compagnons de voyage.

Il n'avoit pas attendu cet ordre suprême
pour faire connoître une partie de ces travaux intéressants. Déjà plusieurs Sociétés
savantes pouvoient juger de l'importance de
ses recherches et de ses découvertes, et les
médecins, les naturalistes, s'empressoient
de l'admettre dans leurs rangs les plus dis-
tingués. On n'avoit pu voir sans le plus vif
intérêt, son beau travail sur la force physique des sauvages, comparée à celle des Européens (1). La précision de ses expériences
venoit de dissiper sans retour ces illusions
charmantes, ces rêves de bonheur et de paix,
fondés sur la santé, sur la force, dont une
imagination brillante et préoccupée avoit
décoré les peuples réduits encore à l'état
sauvage. Péron avoit pu transporter, pour la
première fois, au delà des mers, un sûr

____

(1) Mémoire imprimé depuis, dans le premier volume
de la relation du voyage.

moyen de comparer exactement la force des individus et des peuples. C'est à l'aide du dynamomètre, récemment inventé par Regnier, qu'il étoit parvenu à résoudre cette grande question, si souvent agitée, de la supériorité de forces des peuples sauvages, sur laquelle on fondoit la vaine chimère de leur bonheur.

Il avoit soumis à ces observations, trois peuples de race différente : les habitants de la terre de Diémen et des îles voisines, ceux de la Nouvelle-Hollande, et les Malais de l'île de Timor. Le premier de ces trois peuples se rapproche assez des Européens, du côté de la taille; mais il s'en éloigne par sa conformation singulière. Avec une tête volumineuse, des épaules larges et bien développées, des reins bien dessinés, des fesses musculeuses, presque tous les individus présentent des extrémités faibles, alongées, peu charnues, un ventre gros, saillant, et comme balloné. Du reste, sans chefs, sans lois, sans arts d'aucune espèce, sans aucune idée de l'agriculture, de l'usage des métaux, de l'asservissement des animaux; sans vêtements, sans habitation fixe, et même sans habitation proprement dite; armé seulement du casse-tête et de la zagaie, errant au milieu des forêts ou sur le rivage des mers, l'habitant de ces tristes régions réunit sans doute par excellence tous les caractères *de l'enfant de la nature.*

La stature de la race qui paroît peupler toute la Nouvelle-Hollande, est à peu de chose près la même que celle des habitants de la terre de Diémen; mais cette race diffère cependant de la dernière par plusieurs points, et sur-tout par la couleur moins foncée de la peau, par la nature des cheveux lisses et longs au lieu d'être crépus et courts, par la configuration remarquable de la tête, qui moins volumineuse, se trouve déprimée vers le sommet, tandis que celle des Diémenois est au contraire très-alongée dans ce sens. Le torse est aussi moins développé, quoique dans la même disproportion avec les membres, qu'on trouve toujours faibles et grêles; souvent encore le ventre est gros et comme tuméfié. Les habitants de la Nouvelle-Hollande sont à la vérité tout à fait étrangers à la culture des terres, à l'usage des métaux; ils sont, comme les peuples de la terre de Diémen, sans vêtements, sans arts, sans lois, sans culte apparent, sans aucun moyen assuré d'existence, contraints comme eux d'aller chercher leur nourriture au milieu des forêts ou sur le rivage de l'Océan; mais déjà les premiers éléments de l'organisation sociale se manifestent parmi eux : les hordes particulières sont composées d'un plus grand nombre d'individus; ces hordes paroissent obéir à des chefs; les habitations, quoique bien grossières encore, existent du moins, et sont assez multipliées; les armes sont plus variées et plus redoutables; la navigation est plus hardie, les chasses plus régulières, les guerres plus générales; enfin, ces peuples ont assujetti le chien, dont ils ont fait le compagnon de leurs courses et de leur misère.

On s'aperçoit ici qu'on avance d'un degré sans doute bien insensible vers la civilisation. En remontant ainsi de degré en degré, on trouveroit les peuples de la Nouvelle-Guinée supérieurs à ceux de la Nouvelle-Hollande; ceux de la Nouvelle-Zélande supérieurs à ces derniers; les peuples du grand Océan équatorial tenant le cinquième rang, et l'on arriveroit enfin aux Malais de Timor, qui paroissent être à peu près au sixième degré de civilisation. Il eut été curieux d'essayer la force de ces différents peuples, selon cette progression. Notre navigateur regrette de n'avoir pu le faire, et d'avoir été contraint de laisser une lacune formée par les trois échelons intermédiaires.

Quoi qu'il en soit, ces Malais, sans avoir les membres aussi faibles que les sauvages de la terre de Diémen et de la Nouvelle-Hollande, les ont cependant peu développés et peu musculeux; les formes en sont aussi beaucoup plus adoucies, les contours beaucoup plus gracieux que dans les individus d'Europe : aussi leur nudité a-t-elle un caractère d'élégance que la nôtre ne sauroit jamais offrir. Etablis sur le rivage de la mer, occupant toutes les côtes, ils sont réunis en sociétés nombreuses et régulières; ils habitent dans des villes ou des villages plus ou moins étendus. Soumis à des rois, parvenus à un état de civilisation assez avancé, ils exercent différents arts : ils se livrent à la culture des terres, au soin des troupeaux, à la pêche, au commerce, à la navigation, autant que leur apathie naturelle le permet et que leurs besoins l'exigent dans un pays qui leur donne avec profusion toutes les richesses du règne animal et du règne végétal. En suivant les idées communes, Péron devoit s'attendre à trouver chez ces trois différents peuples, la force physique développée en raison inverse de la civilisation, et cependant il a tiré de ses expériences un résultat tout à fait con-

traire; elles prouvent, d'une manière incontestable, que les Malais de Timor ont un
peu plus de force, soit dans les reins, soit
dans les mains, que les sauvages de la terre
de Diémen et de la Nouvelle-Hollande, et
qu'ils sont, à leur tour, beaucoup plus faibles sous l'un et l'autre rapport, que les Européens.

La haute température de Timor, l'humidité qui y règne habituellement, la vie indo-
lente des habitants, peuvent fournir seules
à notre observateur une explication suffi-
sante de la foiblesse de ces insulaires, sans
que le degré plus ou moins grand de civilisation paroisse avoir ici une influence es-
sentielle et directe; mais il n'en est pas de
même des habitants de la terre de Diémen
et de la Nouvelle-Hollande. Il nous représente à la vérité ces malheureux comme exilés sur une terre stérile, qui ne donne à
l'homme aucun fruit; sur laquelle on a
peine à découvrir quelques racines nutriti-
ves; où le casoar et le kanguroo sont les seuls
animaux connus et rarement aperçus; où les
pêches ont de fréquentes interruptions, soit
à cause de l'hiver à la terre de Diémen, soit
à cause des orages à la Nouvelle-Hollande,
soit à cause de l'émigration des poissons dans

certaines saisons. Il nous fait voir ces diverses circonstances, qu'on seroit tenté de
croire indépendantes de leur civilisation,
tourmenter ces misérables et les rendre la
proie de famines affreuses qui les réduisent
à un tel état d'inanition, qu'ils font entrer
quelquefois dans leur dégoûtants repas, les
lézards, les fourmis, les araignées, les lar-
ves des insectes; qu'ils se repaissent d'her-
bes ou bien qu'ils rongent l'écorce de certains arbres; qu'entraînés par le besoin, et
voulant assouvir la faim qui les consume,
ils se livrent à des courses longues et pénibles, et ne s'arrêtent qu'à l'instant où ils
tombent de lassitude et d'épuisement; que
s'ils ont le bonheur de trouver quelque nourriture, ils s'abandonnent à toute leur vo-
racité, et attendent ensuite dans le repos le
plus absolu, que de nouveaux besoins les
rappellent à de nouvelles courses non moins
excessives que les premières. A la vérité, le
défaut et la mauvaise qualité des aliments,
les fatigues indispensables qu'il faut essuyer
pour les obtenir, peuvent être regardés
comme les causes essentielles de la foiblesse
des hommes de la Nouvelle-Hollande et de
la terre de Diémen. Mais cette disette d'aliments, cette nécessité de faire usage des

substances les plus repoussantes, ces fatigues excessives sans lesquelles on ne peut
se les procurer, ne doivent-elles pas être considérées comme un résultat immédiat et nécessaire de l'état sauvage dans lequel ces
peuplades malheureuses végètent encore?

En effet, Péron suppose un instant que
ces enfants déshérités de la nature viennent
à quitter leurs mœurs féroces et vagabondes;
il les suppose au même degré de civilisation
que les Samoïèdes : ce n'est pas beaucoup
faire sans doute; et cependant, de quels
changements heureux cette seule différence
d'organisation sociale ne va-t-elle pas devenir le principe! déjà ne croit-on pas voir les
diverses espèces de kanguroos, devenues
domestiques, pulluler autour de leurs ca-
banes; le casoar, qui se prête encore avec
plus de facilité aux soins de l'homme, leur
présenter journellement sa chair abondante
et délicate, ses œufs volumineux et de très-
bon goût? Bientôt les arts perfectionnés par
le loisir, et sur-tout par cette heureuse com-
munication d'idées et d'efforts que la société
seule rend possible, vont leur fournir des instruments de pêche plus variés et plus parfaits; la dessication et la salaison leur offri-
ront des ressources certaines pour les temps

d'hiver ou d'orage, et pour ceux où les
poissons se retirent vers d'autres bords ;
alors aussi, leurs canots mieux travaillés ,
leur permettront de visiter les îles voisines ,
où ils ne manqueront pas de trouver une
proie aussi facile qu'abondante. Dès ce moment, étrangers à ces privations cruelles, à
ces fatigues excessives qui consument leur
vigueur, qui flétrissent leur existence , ils
verront bientôt leur tempérament devenir
plus robuste , et peut-être que cette émacia-
tion hideuse de quelques membres , qui
semble les caractériser , sera insensiblement
remplacée par des proportions plus régulières. Alors la population, si faible aujour-
d'hui, fera des progrès rapides; on ne verra
plus , comme on le voit maintenant sur ces
tristes bords, des pères forcément dénatu-
rés , écraser avec de grosses pierres, sur le
corps même de leur mère qui vient d'expirer ,
les enfants qu'elle délaissa trop jeunes pour
qu'ils puissent les nourrir et les traîner dans
leurs courses toujours longues et pénibles :
action barbare, qui est une suite effroyable
sans doute , mais nécessaire, de l'existence
précaire et misérable de ces peuples... Triste
prérogative de cet état de nature , tant pré-
conisé naguère , que de justifier ou même

de légitimer ces horribles forfaits, que les
résultats de la civilisation rendent à peine
croyables parmi nous! Sophistes éloquents,
dites, que faut-il penser désormais de vos dé-
clamations? qu'est devenue cette force de
l'homme sauvage, que vous préfériez avec
tant d'ostentation, j'oserois dire même avec
tant d'ingratitude, aux avantages de l'ordre
social, au milieu duquel vous avez eu le bonheur de naître?

Ce Mémoire prouve combien Péron avoit
mis de soins à bien observer l'homme dans
toutes les positions où la nature l'a placé,
dans toutes les modifications qu'elle lui a
fait subir. Indépendamment du sujet principal, qu'il a traité le premier, et avec une
méthode et une étendue pour la première
fois employées dans cette matière, trois races d'hommes y sont décrites avec une grande exactitude et de précieux détails. Dans un
autre Mémoire (1), il détermine d'une manière précise les caractères bizarres d'une
quatrième race. Depuis long-temps le ta-
blier naturel attribué aux femmes hotten-
totes, étoit l'objet des raisonnements des

____

(1) Qui n'a point été imprimé, que je sache.

physiciens d'Europe et des relations contra-
dictoires des voyageurs. Les uns en nioient
l'existence ; les autres, tout en l'admettant,
le décrivoient de manières très-différentes.
Péron, après des recherches multipliées (1),
reconnoît enfin que cet organe singulier
n'est ni un repli de la peau du bas ventre,
comme on le croyoit autrefois, ni un pro-
longement des grandes lèvres, comme l'a
dit récemment Barrow ; mais bien qu'il est
un appendice particulier tenant par un pé-
dicule à la commissure supérieure des grandes lèvres, s'élargissant et se divisant par le
bas en deux branches qui pendent d'ordi-
naire, mais qu'on peut écarter, donnant
ainsi à cette partie une figure triangulaire.
Il reconnoît que cet organe se trouve l'at-
tribut général et l'un des caractères distinc-
tifs d'une certaine nation sauvage et cruelle,
connue des Hollandais sous le nom de *Bos-
chismans*, et des Hottentots, sous celui de

____

(1) Il fut aidé dans ces recherches, comme dans tant
d'autres, par son ami M. Lesueur, qui partagea toujours
ses travaux. Ces deux amis firent exécuter des dessins,
et M. Lesueur en exécuta lui-même avec beaucoup de
soin, qui représentent cet organe de grandeur naturelle
et dans tous les aspects et toutes les positions.

Houzouanas. Les jeunes filles l'apportent en naissant, et il ne fait que croître avec l'âge; il diminue et se perd dans les générations successivement produites par le mélange des *Houzouanas* et des Hottentots ordinaires. Cette nation a d'autres caractères physiques qui la distinguent, soit des Hottentots, soit des autres nations nègres ou cafres qui l'environnent : elle est d'une fort petite taille; son nez est excessivement large et écrasé, ce qui donne au visage une laideur horrible; les fesses des femmes sont deux énormes loupes de substance graisseuse, que la marche fait osciller et trembler, et qui ont assez de saillie pour que les enfants puissent grimper dessus et s'y maintenir.

Mais non content d'observer la constitution physique et morale des peuples qu'il a visités, Péron s'est encore occupé d'un objet important qui présente une utilité plus directe (1). Surpris de la violence de cette cruelle dyssenterie qui frappa successive-

____

(1) *Observations sur les maladies des pays chauds et sur l'usage du bétel.* (*Journal de médecine, chirurgie et pharmacie,* par MM. Corvisart, Leroux et Boyer, tome IX, page 57).

d.

ment la plupart de ses collègues et de ses amis dans l'île de Timor, il s'appliqua de bonne heure à connoître, d'une façon toute particulière, et les causes de ce fléau et les moyens de s'en garantir. Les naturels en étoient presqu'entièrement exempts, et cet avantage précieux, ils ne le devoient pas à l'habitude, puisqu'ils le partageoient avec les naturels de plusieurs autres contrées indiennes qui avoient avec eux des relations de commerce. Notre observateur chercha donc à découvrir de quel régime les uns et les autres pouvoient user pour s'en garantir, et il trouva les moyens qu'ils mettoient en usage, tellement efficaces et d'une telle activité, qu'il crut devoir leur attribuer presqu'exclusivement la santé dont jouissent ces indiens au milieu du désastre de nos compatriotes.

En effet, une température constamment humide et chaude, produit sur les Européens arrivés depuis peu dans ces régions, des sueurs abondantes et continuelles qui les épuisent, que le plus léger mouvement rend excessives, que le repos le plus absolu ne suspend pas entièrement. L'organe cutané semble lui seul absorber tous les fluides de l'économie; du moins il paroît servir seul à leur exhalation : toutes les autres excrétions diminuent rapidement. Les organes salivaires participent bientôt à cette sorte d'épuisement général qui se communique à tout le système digestif; l'estomac s'affoiblit; les aliments solides répugnent; on ne désire plus que des fruits, des légumes et des boissons acidules. Bientôt l'appétit se perd entièrement, la constipation survient; le canal intestinal irrité par le séjour trop long des matières retenues et par le défaut de fluide lubréfiant, ne tarde pas à devenir douloureux, à s'enflammer: le mal fait des progrès rapides; le ténesme suivi de déjections sanguines, vient consommer l'épuisement; trop souvent encore, de funestes complications accroissent le danger, et le médecin ne peut que très-rarement sauver une victime que tout conspire à livrer à la mort.

On voit ici, d'un côté, l'atonie du système cutané fatigué par des exhalations trop abondantes; et de l'autre, le dessèchement du système digestif entier, devenir la source de tous les accidents. Que pourroit dicter la théorie la plus saine et la plus éclairée, contre ces deux causes réunies? Ne seroit-ce pas de chercher à donner du ressort à la peau, de chercher à mettre obstacle à ces excrétions trop abondantes,

d ⋆

de soutenir en même-temps les forces du
système digestif, et de rappeler au dedans
ces mêmes excrétions, si malheureusement
dirigées au dehors? Eh bien! ce que la théorie la plus sage pourroit indiquer ici, l'expérience, fille du malheur et du temps, ou
plutôt l'instinct, qui, tout aveugle qu'il est,
guide bien plus sûrement encore, paroît l'a-
voir appris à ces indiens. Tandis que par des
bains froids répétés trois ou quatre fois le
jour, ils cherchent à ranimer la tonicité du
système cutané; que par des frictions d'huile
de coco, ils essayent de fermer, pour ainsi
dire, d'une manière mécanique, le passage
à cette humeur trop abondante de la trans-
piration, ils mettent en usage des moyens
plus actifs, plus énergiques, pour concen-
trer les secrétions à l'intérieur du canal intestinal. Ce n'est pas seulement du cachou,
du cardamome, de l'ambre gris, de plusieurs
graines aromatiques inconnues, que les habitants promènent sans cesse dans la bou-
che et finissent par avaler; ce n'est pas non
plus du poivre, de la canelle, de la muscade,
du girofle, du gingembre, des piments les
plus actifs dont leurs aliments sont assai-
sonnés; ce n'est pas du thé qu'ils prennent
à forte infusion, qu'on veut parler ici: tous

ces moyens, quelque puissants qu'ils soient;
doivent céder à l'énergie du betel, espèce de
préparation masticatoire presqu'universel-
lement en usage dans tous les pays chauds,
et sur laquelle les médecins ne paroissent
pas avoir suffisamment porté leur attention?

Quatre substances composent ce mélange : La feuille brûlante d'une espèce de poivre (*piper betel*, LINN.), d'où il tire son nom;
une assez grande quantité de feuilles de ta-
bac, de la chaux vive à la dose d'un quart
du poids total, et la noix d'areckier (*areca
catechu*, LINN.), qui en forme elle seule plus
de la moitié. La force des trois premières
substances est assez connue, et l'on avouera
qu'il seroit difficile d'introduire dans l'estomac un composé d'une plus grande activité : la noix d'areck en a cependant elle-
même bien davantage encore. Combien les
effets d'une telle préparation doivent être
énergiques au dedans, puisqu'elle use les
dents, les dissout et les corrode jusqu'à la
racine ! De tous les astringents connus, le
betel est le plus puissant, et dès-lors le plus
propre à rendre au canal alimentaire le degré de force et de ton que l'affoiblissement
général doit tendre à lui enlever : c'est un
agent d'irritation permanente et locale, qui

doit y rappeler la vie, qui doit y déterminer l'afflux des liqueurs, et prévenir l'espèce de dessication intérieure dont tous les Européens se plaignent en arrivant dans ces contrées. Ainsi l'usage du betel doit produire au dedans l'effet salutaire que les bains froids et les frictions produisent au dehors; ainsi, toutes les conditions propres à prévenir la maladie cruelle qui détruit chaque jour tant d'Européens, se trouvent parfaitement remplies par ces moyens que la nécessité doit avoir suggérés.

L'Européen lui-même, subordonné aux influences nouvelles qui l'environnent dans ce climat dévorant, se voit contraint, malgré lui, de souscrire bientôt à des usages que d'abord son irréflexion et ses préjugés lui faisoient repousser et condamner. Malheureusement trop aveuglé par ces mêmes préjugés, au lieu d'adopter simplement le betel des naturels, leurs bains et leurs frictions huileuses, il a recours à des moyens analogues sans doute, mais plus dangereux pour sa constitution, et sur-tout moins puissants que ceux qu'il néglige ou que même il repousse. L'expérience de notre observateur doit servir d'exemple. Ses principes sur le betel ont été la règle de sa conduite pendant toute la durée de son séjour dans ces parages ; et malgré la foiblesse de sa constitution , malgré les travaux pénibles auxquels il se livroit incessamment , il a toujours été d'une bonne santé dans les Moluques, alors même que tous ses amis infortunés se trouvoient malades et mourants.

Dans son activité bienfaisante , Péron n'avoit pas attendu qu'il fût débarqué sur ces plages lointaines , pour s'occuper des moyens de conserver la santé des hommes. Dès le commencement de son voyage il s'étoit mis en devoir de faire des applications utiles de la météorologie à l'hygiène navale (1). La cause principale ou même exclusive du scorbut, paroît être l'humidité. Il dirigea donc sur cet objet ses recherches les plus attentives. A l'aide d'un instrument hygrométrique comparable , qu'il transportoit le premier sur les mers, et guidé par les différents degrés d'élévation ou d'abaissement que lui présentoient cet instrument, le thermomètre et le baromètre, il indiquoit d'une manière précise les

---

(1) *Notice sur quelques applications de la météorologie à l'hygiène navale (Bulletin des Sciences médicales , Avril 1808).*

altérations de l'air qui pouvoient devenir funestes à l'équipage. Plusieurs fois il avoit prévenu d'imminents dangers ; plusieurs fois, sur son avis, on avoit ordonné des branle-bas (1) rigoureux , des balayages soignés, des fumigations, des ventilations répétées ; plusieurs fois il avoit fait purifier le fond de cale, pour garantir des vapeurs insalubres qui s'en exhaloient. Une eau chargée de différents sels, ne cesse, en effet, d'y séjourner et de baigner le lest formé par des masses de fer accumulées. L'oxide qui résulte de l'action de cette eau sur le métal, produit une boue qui se mêle à des débris de substances animales et végétales, toujours en grande quantité dans cette sentine ; et les diverses combinaisons et décompositions qui résultent d'un tel mélange, infectent l'air en le surchargeant de gaz hydrogène carboné et sulfuré. Ces gaz se répandent bientôt de la cale dans le reste du bâtiment, et portent sur les individus des impressions délétères dont on voit tôt ou tard se manifester les terribles suites. Péron fait

---

(1) Les branle-bas sont l'exposition à l'air libre , des branles ou lits et des autres effets des matelots.

observer combien il importe de renouve-
ler souvent les liquides qui stagnent dans
la cale; combien il est nécessaire d'y faire
souvent passer de l'eau pure et fraîche, soit
pour entraîner au dehors toutes les substances en décomposition, soit pour y maintenir une température moins élevée.

Au reste, ces mesures sanitaires qu'on a
coutume de mettre en usage sur les vaisseaux;
ces pratiques importantes, presque toujours
abandonnées à une routine aveugle, ne sont
pas en tout temps également avantageuses
ni même exemptes d'inconvénients : on doit
les ordonner et les conduire avec prudence.
Les lavages des ponts à grande eau, par
exemple, peuvent être préjudiciables dans
beaucoup de circonstances où le grattage
à sec viendroit plus à propos. C'est ainsi
qu'on pourroit introduire quelques modifications salutaires, soit dans le choix, soit
dans la succession des diverses espèces d'aliments. De telles précautions paroîtront sans
doute minutieuses à tout homme étranger
aux détails des longues navigations; mais
pour en sentir l'importance, il faut se rappeler les succès précieux qu'en ont obtenus
les Bougainville, les Cook, les van Couver,
les Marchand. La médecine préservative

signala d'une manière éclatante, sur les vaisseaux de ces célèbres navigateurs, tout ce qu'on peut attendre de ces petits soins.

En même-temps que notre observateur communiquoit ces différents Mémoires aux plus célèbres corps académiques, il en faisoit paroître d'autres également intéressants sur divers sujets de physique et d'histoire naturelle. Celui qui donne le résultat de ses expériences sur la température de la mer, contient des faits nouveaux et curieux qui peuvent aider à la connoissance de l'habitation des diverses tribus d'animaux marins, et fournir des données précieuses au physicien de même qu'au géologiste (1).

Un préjugé bien anciennement établi par Aristote, attribuoit aux vagues la propriété de s'échauffer par l'agitation. Irving et Forster s'y étoient eux-mêmes trompés en dernier lieu. Péron combat cette erreur, et découvre avec sagacité la raison simple et naturelle de l'illusion qui l'a produite. Il suppose

____

(1) Précis d'un Mémoire lu à l'Institut national, sur la température de la mer, soit à sa surface, soit à diverses profondeurs (*Annales du Muséum d'histoire naturelle*, cahier XXVI, page 123).

que dans un calme parfait, la température
des eaux de la mer et de l'atmosphère soit
à peu près en équilibre : un orage s'élève, un
vent impétueux soufle des régions glacées
des pôles : l'air facilement pénétré dans toute
sa masse, est à l'instant refroidi ; la mer
offrant plus de résistance, perd son calorique avec beaucoup plus de lenteur, d'où il
résulte que les eaux paroissent, au premier
coup-d'œil, s'être échauffées. Il est cependant aisé de se convaincre que cette chaleur
n'est que relative, et qu'elles se refroidissent
comme l'atmosphère, quoique bien moins
rapidement.

On voit, dans ce Mémoire, que la température des eaux de la mer, à la surface
et loin des terres, est, en général, plus
froide à midi que celle de l'atmosphère ob-
servée dans l'ombre ; qu'elle est plus chaude
à minuit ; que le matin et le soir il s'établit
une sorte d'équilibre ; enfin, que le terme
moyen d'une quantité donnée d'expériences,
indique plus de chaleur dans les eaux toujours considérées à la surface, que dans la
couche d'air qui repose sur elles. Ce n'est
point ce qu'on avoit trouvé jusqu'ici ; mais
il faut remarquer que les premiers expéri-
mentateurs observoient le long des côtes et

non en pleine mer, et qu'ils négligeoient de répéter la nuit les expériences faites pendant le jour. On voit encore dans ce Mémoire, qu'à mesure qu'on se rapproche des côtes, la mer paroît jouir d'une température plus élevée, sur-tout près des continents. Il est aisé d'en trouver les raisons dans la chaleur moyenne des terres, plus considérable que celle des eaux; dans la profondeur moins grande du lit de ces dernières; dans la concentration des rayons du soleil, dans les courants, et peut-être même dans l'innombrable quantité d'animaux et de végétaux qui tapissent le fond des mers au voisinage des côtes. Mais comment expliquer ce refroidissement progressif que l'on remarque loin des rivages, et qui est d'autant plus grand, qu'on atteint à des profondeurs plus considérables, quel que soit d'ailleurs le point du globe où se répète l'expérience, soit que l'observateur opère vers les pôles, soit qu'il opère dans les régions brûlantes de l'équateur (1)? Les abymes

----

(1) M. le baron Larrey, dans son voyage à l'Amérique septentrionale, eut occasion d'introduire la main dans le ventre de plusieurs morues vertes qu'on venoit de pêcher sur le banc de Terre-Neuve. Surpris du froid

des mers sont-ils donc éternellement gla-
cés comme les montagnes les plus élevées?
Le centre de la terre n'est-il qu'un noyau
de glace échauffé seulement à la superficie? L'imagination effrayée suspend ici le
jugement. On est tenté de se refuser aux
conclusions de l'observateur; on répugne
à se voir privé de ce feu central, de cette
chaleur bienfaisante, qu'un savant ingénieux et spirituel renferma dans le sein de
la terre, pour aider l'action d'un astre sujet à distribuer ses faveurs avec trop d'incon-
stance, et qui se montre même si rarement
à de certaines contrées!

Sur presque tous les points de l'ancien
continent, les preuves du séjour de la mer
à de grandes élévations, sont aussi multipliées qu'évidentes. Les savants les ont vues
avec intérêt se reproduire en différents lieux

---

très-vif qu'il ressentit, il eut beaucoup de regret de n'a-
voir pas de thermomètre, afin de s'assurer au juste de la
température que pouvoient avoir ces animaux. S'il étoit
reconnu que certains animaux marins se missent en équilibre avec le milieu dans lequel ils vivent, il seroit possible, à l'aide de ce thermomètre naturel, de juger de
la température du fond des mers, et de vérifier, dans
quelques cas, les ingénieuses expériences de Péron (*Ex-
trait d'un ouvrage manuscrit du docteur Larrey*).

du Nouveau-Monde. Il restoit à savoir si la Nouvelle-Hollande et la terre de Diémen confirmeroient par les mêmes traces l'antique domination de l'Océan, ou si elles formeroient une exception qui eût été d'autant plus importante, qu'habitées par des races très-distinctes, ces terres paroissent, quoique voisines, avoir été séparées dès une époque extrêmement reculée. Les observations de Péron (1) lèvent toute incertitude à cet égard. Il a rencontré sur la terre de Diémen, sur plusieurs points de la Nouvelle-Hollande, sur le sommet des montagnes de Timor, ces débris précieux d'animaux pélagiens, irrécusables témoins des révolutions de la nature.

D'un autre côté, il a vu se former, pour ainsi dire sous ses yeux, les brèches, les poudingues dont certaines roches sont composées. Le principal agent de ce travail est une poussière déliée, qui n'est autre chose que le sable quartzeux répandu en abondance sur le rivage, mêlé à des fragments de coquilles roulées et brisées par les flots. Cette poussière emportée par les

_____

(1) *Mémoire sur quelques faits zoologiques applicables à la théorie du globe.*

vents, se dépose sur tous les objets qu'elle rencontre. Couvre-t-elle un arbrisseau voisin? ce n'est d'abord qu'une sorte de duvet léger, qui ne tarde pas à prendre de la consistance autour du tronc qu'il a déjà blanchi; dès ce moment la nutrition du végétal s'altère; bientôt il languit; et dans peu, pour ainsi dire vivant encore, il se trouve subir une pétrification réelle. Sur les rivages de l'île aux kanguroos, sur ceux de l'archipel St-Pierre et St-François, dans l'immense baie des Chiens marins, on admire à chaque instant autour de soi ces belles pétrifications. Ici l'on voit un tronc d'arbrisseau qui ne conserve plus que la forme de sa nature première; on aperçoit plus loin des branches d'arbres aglutinées, des racines, des zoophytes, des ossements d'animaux, des excréments de quadrupèdes, renfermés sous la même enveloppe solide : il semble qu'un nouveau Persée soit venu promener la tête de Méduse sur ces curieux rivages.

Mais si l'on se sent pénétré d'admiration en voyant la nature travailler ainsi pour les siècles à venir, on ne doit pas moins admirer ce qu'elle opère chaque jour, au moyen de l'importante famille des zoophytes solides. Relégués, selon notre observateur, au milieu

des mers chaudes et paisibles des régions équi-
noxiales, ces êtres singuliers ont formé la plus
grande partie des îles qu'on y rencontre, et ils
semblent ne vivre que pour en former encore
de nouvelles. Ainsi, tandis que l'homme éri-
ge avec peine à la surface de la terre ces
frêles monuments de l'orgueil, que la main
du temps doit bientôt renverser, ces faibles
animaux qu'il méconnut long-temps, qu'il
dédaigne encore aujourd'hui, multiplient
au fond de l'Océan ces prodigieux témoignages d'une puissance qui brave les siècles, et
que notre faible entendement a peine à concevoir.

Les mollusques et les zoophytes mous
n'ont pas manqué de fixer aussi l'attention
de notre naturaliste voyageur; Pénétré de
l'importance qu'on doit mettre à l'étude de
ces animaux bizarres et curieux; placé dans
des circonstances favorables pour bien les observer et les décrire; secondé par les crayons
et les pinceaux de son ami Lesueur, il a dû
faire sur ces animaux un travail beaucoup
plus complet que tout ce qui avoit été exécuté avant lui. En effet, non seulement il
a doublé, triplé le nombre des espèces connues et de presque tous les genres, mais en
core il a découvert plusieurs de ces êtres sin-

guliers qui ne sauroient être rangés dans les genres précédemment établis, et qui doivent par conséquent former autant de coupes nouvelles.

A la tête de ces nouveaux genres, on peut placer le *pyrosoma*, dont Péron donna d'abord la description, comme pour faire pressentir tout l'intérêt de ses recherches (1). La propriété phosphorique vraiment prodigieuse qui distingue cet animal, le rend un des plus beaux zoophytes connus, et son organisation le place au milieu des plus singuliers d'entr'eux. Sa forme est alongée et presque cylindrique; une large ouverture circulaire dont le tour est garni de tubercules, se trouve placée à l'une des extrémités, et laisse voir l'intérieur de l'animal. Tubuleux et vide, fermé à l'autre extrémité comme le doigt d'un gant, cet être bizarre n'offre d'autre trace d'organes, qu'un réseau de vaisseaux très-déliés, tapissant à l'intérieur les parois de cette cavité. La surface extérieure est hérissée de gros tubercules alongés, plus fermes que le reste de la substance, plus dia-

---

(1) *Mémoire sur le nouveau genre* pyrosoma (*Annales du Muséum,* XXIV.ᵉ cahier, page 437.

e

phanes, brillants et polis comme autant de diamants. C'est là que se trouve le siége de cette phosphorescence merveilleuse qui distingue le pyrosoma. Lorsqu'il vient de mourir ou seulement lorsqu'il repose, sa couleur est d'un rouge opalin mêlé de vert d'une couleur assez désagréable. Mais dans les mouvements de contraction, soit spontanés, soit déterminés à la volonté de l'observateur, par quelque légère irritation, l'animal s'embrase, s'il est permis de s'exprimer ainsi. A mesure qu'il perd sa phosphorescence, il passe successivement par une foule de teintes agréables, légères et variées, comme le rouge, l'aurore, l'orangé, le verdâtre et le bleu d'azur; cette dernière nuance, sur-tout, est aussi vive qu'elle est pure. A l'égard de cette phosphorescence elle-même, quelle qu'en puisse être la nature, quels que puissent être les moyens propres à la développer, à l'entretenir, toujours est-il certain qu'elle se présente avec tous les caractères d'une fonction régulière et naturelle si fort dépendante de la vie, qu'après la mort cette propriété ne sauroit reparoître. Comment cet animal exécute-t-il ses divers mouvements? comment se nourrit-il? comment peut-il se reproduire? On sent qu'il doit rester encore de l'obscurité sur toutes ces questions. Cependant notre observateur, guidé par l'analogie, suppose qu'à l'égard de la nutrition et de la reproduction, il doit exister une grande ressemblance entre ce qui se passe dans les polypes et ce qui doit avoir lieu dans les pyrosomes.

Une telle variété de résultats, répandue dans les Mémoires qu'on vient de parcourir; tant d'écrits publiés coup sur coup; tant de découvertes d'un grand intérêt ou d'une nouveauté piquante, ne pouvoient manquer de produire l'effet que l'auteur en attendoit. Aussi, nous avons vu de quelle honorable confiance il fut investi, lorsque le Gouvernement le chargea de rédiger la relation de ce voyage, au succès duquel il avoit si efficacement contribué par ses travaux. On peut croire que cette tâche lui fut aussi agréable qu'elle étoit glorieuse, s'il est vrai qu'après le plaisir de trouver des choses nouvelles, il n'y en ait pas de plus grand que celui de les raconter. Quoique malade et souffrant, il s'étoit mis à travailler à cette grande entreprise, avec une assiduité dont lui seul étoit capable, et le premier volume de cette intéressante relation parut en 1807. Comme on l'attendoit avec impatience, cha-

*e**

cun s'empressa de le lire avec une sorte d'avidité. On ne possédoit encore que la partie historique du voyage, et même cette partie n'étoit pas terminée, puisqu'elle devoit se prolonger jusqu'à la fin du second volume. Selon le vaste plan de l'auteur, la relation nautique, astronomique et géographique, avoit sa place marquée dans le troisième, et ce qui regardoit particulièrement l'histoire naturelle, devoit se trouver réuni dans le quatrième et dernier volume.

Tout incomplet qu'il étoit, ce premier travail fit une grande sensation. Péron y mène le lecteur depuis les côtes de France jusqu'au port Jackson, le faisant successivement passer par les îles Canaries, l'Isle de France, la terre de Leuwin, celle d'Endracht, celle de Witt, l'île de Timor, la terre d'Édels, la terre de Diémen et la terre Napoléon. Cette dernière, qui n'a pas moins de six cents lieues de développement, a été, pour la première fois, aperçue dans cette expédition, et nos navigateurs l'ont décrite avec la plus grande exactitude.

Dans ce récit, Péron ne laisse échapper aucune occasion d'entrer dans le détail des entrevues qu'on avoit pu se procurer avec les naturels de la plûpart de ces terres et de ces îles lointaines. Ces sortes de tableaux, infini-

ment variés, tantôt dessinés avec force, tantôt coloriés avec fraîcheur, répandent sur la
narration un charme tout particulier. D'un
autre côté, toujours porté vers l'objet de ses
premières études, il n'a pas manqué de donner de solides instructions sur le climat et
les maladies de plusieurs contrées peu connues ou même tout à fait inconnues; il n'a
pas manqué de signaler les funestes effets
de l'humidité de l'air, qu'il a constatée le
premier, dans les latitudes voisines de l'é-
quateur, par des instruments hygrométri-
ques comparables, et qui jointe à la chaleur
constante et invariable des régions équino-
xiales, forme un genre de température où
l'on trouve toutes les causes d'insalubrité
les plus générales et les plus puissantes. On
peut dire qu'il a prouvé par les travaux qui
sont détaillés dans sa relation, que la météorologie devient un accessoire indispen-
sable de la médecine, lorsque cette dernière
veut étendre ses vues sur les parties les plus
opposées du globe, afin de se rendre utile aux
hommes qui les peuplent ou qui les parcou-
rent.

Mais en histoire naturelle sur-tout, on devoit s'attendre à trouver dans ce volume une
ample moisson de faits nouveaux. En effet,

quoiqu'il n'y soit question des objets qui con-
cernent cette science, que pour les indiquer à
mesure qu'ils seprésentent, cette simple énu-
mération offre au lecteur le plus grand intérêt. C'est ainsi qu'on y voit la raison simple et
naturelle de la phosphorescence des mers,
rattachée, pour la première fois, à un principe unique, la phosphorescence propre aux
animaux marins, et sur-tout aux mollusques
et aux zoophytes mous, phosphorescence
active et animée, bien différente de cette
faible lueur que peut développer, dans certains cas, la décomposition putride; c'est
ainsi qu'on y admire avec l'auteur, la variété
des formes, la richesse des couleurs, l'élégance et la souplesse des mouvements de
cette multitude d'animaux pélagiens à
peine connus avant lui. A mesure qu'on
parcourt ce volume, on voit les découvertes
se multiplier : presque chaque page en présente de nouvelles. Un habile naturaliste ne
s'étoit pas borné, dans sa classification générale des poissons, à présenter toutes les
espèces connues; devançant le temps et
l'expérience, il avoit encore osé fixer dans
ses tableaux, la place que devoient occuper
des groupes ignorés. Péron, au milieu des
mers, réalise ces hardies conceptions du gé-

nie. Il découvre un nouveau genre de poissons, voisin de celui des *balistes*, mais qui en
diffère par l'absence absolue de toute espèce
de nageoire ventrale, caractère qui en fait le
type d'un nouvel ordre dans une méthode
où il occupoit sa place avant même d'être
connu (1). Les serpents-marins avoient été
mal décrits, faute d'observations précises.
Péron donne, en passant, les caractères qui
distinguent ces animaux pélagiens des reptiles terrestres, et les fait connoître dans
tous les détails de leur existence.....

Je m'arrête avec le regret d'être forcé de
passer sous silence une multitude de faits
nouveaux qu'il eût peut-être été mieux de
faire connoître; mais on ne peut tout nom-
brer, on ne sauroit choisir dans une telle
abondance. Ce premier volume ne laissoit,
à vrai dire, qu'une chose à désirer; c'é-
toit la prompte publication de celui qui en
devoit former la suite.

Malheureusement, Péron consumé par
une langueur mortelle, sentoit de jour en
jour ses forces diminuer. La fièvre brisoit

---

(1) Voyez l'*Histoire des poissons*, par M. le comte de
Lacépède.

ses membres exténués, embarrassoit sa tête douloureuse. En vain l'infortuné croyoit surmonter le mal par un travail opiniâtre et vraiment sans exemple, il dut céder, au moins cette fois; et plutôt affoibli que découragé, il consentit à se prêter enfin aux conseils de l'amitié : il voulut bien s'occuper un instant de cette santé qu'il fatiguoit tous les jours par quelque nouvelle épreuve. M. le baron Corvisart, premier médecin de LL. MM., et M. le docteur Kéraudren, premier médecin de la marine, s'empressèrent de lui donner des soins affectueux, qu'ils ne prévoyoient que trop devoir échouer contre l'extrême activité d'un esprit qui usoit, s'il est permis de s'exprimer ainsi, l'enveloppe grossière dans laquelle il se trouvoit emprisonné. Ces médecins lui conseillèrent de faire un voyage dans les départements méridionaux de l'Empire, soit dans l'espérance de le détourner quelque temps de ses travaux favoris, qui ne lui laissoient aucun repos, soit afin de le placer dans une température plus douce et plus égale. On attendoit de ce parti quelqu'effet salutaire ; mais Péron s'arrangea de telle sorte, que la proie de la mort n'en fut que plus assurée. L'influence bienfaisante du climat avoit procuré quelques jours de mieux être; il en profita pour se livrer plus ardemment que jamais à ses chères occupations.

Le séjour de Nice et le voisinage de la Méditerranée lui inspirèrent le désir de continuer l'étude des animaux pélagiens, et de répéter ses expériences sur la température de la mer, à diverses profondeurs. Souvent le charme qu'il trouvoit à poursuivre ses recherches, et l'extrême attention qu'il y mettoit, l'empêchoient de s'apercevoir que ses vêtements étoient mouillés et quelquefois même entièrement pénétrés par un brouillard épais ou par la pluie qui tomboit en abondance. Il falloit que son ami, son constant ami Lesueur, qui l'avoit suivi dans ce voyage, et qui ne l'abandonna qu'au tombeau, l'arrachât malgré lui de la misérable barque de pêcheur où il passoit les matinées entières, pour le mener prendre des vêtements et une nourriture convenables. On juge quel effet pernicieux devoient produire de telles matinées sur une poitrine déjà très dangereusement malade; on juge si les médecins devoient beaucoup espérer d'une santé si peu ménagée. Péron n'en espéroit plus rien lui-même : il se voyoit mourir avec tranquillité. Se livrant sans réserve aux jouissances pures que donnent l'étude et l'amour des sciences (1), il redoubloit d'activité à mesure qu'il sentoit la mort s'approcher, et ses travaux furent immenses pendant ce voyage qu'il devoit consacrer à son repos. Une grande partie de ce second volume qu'on attendoit avec tant d'impatience, fut rédigée à Nice, dans le même temps que les deux amis mettoient la dernière main à leur grand ouvrage sur les méduses.

Quoique la maladie de Péron prit tous les

—————————————

(1) Le fragment de lettre qu'on va lire, et qui m'a été communiqué par M. L. Freycinet, officier de la marine impériale, chargé de rédiger la partie géographique du voyage, peint bien toute la sérénité de l'ame de son ami, et peut donner une idée de sa grande activité.

« Jamais, je vous le jure, mon cher Freycinet, je
» n'ai plus travaillé qu'à présent; il en est de même de
» Lesueur : nous ne quittons le lit que pour nous mettre au travail; nous n'interrompons le travail qu'à regret, pour prendre nos repas; et sans les douleurs
» atroces qui me consument, jamais je n'aurois été plus
» content, plus heureux : c'est une vérité que je vous atteste : en honneur voilà ce qui s'appelle vivre! je ne
» connois pas de plus doux plaisir que celui de s'occuper
» à des choses utiles et honorables..... En voyant votre
» ami, si près de la tombe, travailler si constamment,
» vous vous sentiriez animé du plus noble courage... »

jours un funeste accroissement, à son retour dans la capitale il publia, de concert avec M. Lesueur, des notions préliminaires sur cette grande famille du règne animal (1); il y ajouta la nomenclature et la division générale de ces animaux intéressants, et détacha, quelque temps après, de l'histoire complète, un fragment sur les *équorées*, l'un des nouveaux genres qu'il venoit d'établir (2). De tous les zoophytes que la nature a répandus à la surface de l'Océan, il n'en est pas de plus extraordinaires que les méduses. Leur substance se résout entièrement, par une sorte de fusion instantanée, en un fluide analogue à l'eau de mer, et cependant les fonctions les plus importantes de la vie s'exercent dans ce corps qui paroît n'être que de l'eau coagulée; la multiplication de ces animaux est prodigieuse, et l'on ne sait rien sur le mode de génération qui leur est propre; ils peuvent arriver à des dimensions de plusieurs pieds; ils pèsent par

---

(1) *Histoire générale et particulière des méduses*, par MM. Péron et Lesueur. *In-4.°*

(2) *Sur les méduses du genre équorée*, par MM. Péron et Lesueur (*Annales du Muséum*).

fois cinquante à soixante livres, et leur système de nutrition nous échappe; ils exécu-
tent les mouvements les plus rapides, et les
détails de leur système musculaire sont inconnus; ils ont une espèce de respiration
très-active, et le véritable siége de cette fonction est un mystère; ils paroissent faibles
et sans consistance, et des poissons de dou-
ze à quinze centimètres sont leur proie jour-
nalière. La plupart d'entr'eux brillent au
milieu des ténèbres comme autant de globes
de feu, et le principe et les agents de cette
admirable propriété sont à découvrir; quel-
ques-uns brûlent et engourdissent la main
qui les touche, et la cause d'une telle sensation est encore un problême. Ces singula-
rités et plusieurs autres que je pourrois ci-
ter, devoient être des titres suffisants à l'intérêt de notre observateur; aussi vit-on ces
animaux devenir pour lui l'objet de l'étude
la plus attentive et la plus suivie, de l'étude
qui remplit, qui charma les derniers jours
de sa vie laborieuse.

Nous devons à la prédilection qu'il eut
pour ces êtres en quelque sorte merveilleux,
des détails très-intéressants sur l'organisation qui les caractérise; sur leur forme, leur
couleur, leur phosphorescence, leurs habi-

tations particulières; nous lui devons des considérations physiologiques sur la vie même de ces zoophytes, sur les fonctions qui la constituent et l'entretiennent, sur les phénomènes qu'elle développe, sur ceux qui la terminent et qui la suivent : observations tout à fait nouvelles, et la plupart d'une incontestable exactitude. Pourquoi faut-il avoir vu s'interrompre un travail dont le début sembloit promettre un intérêt si grand et si soutenu (1)!

Mais les forces de Péron diminuoient avec une rapidité qui jetoit le désespoir dans le cœur de ses amis; et quoiqu'il s'appliquât toujours avec la même ardeur, il étoit plus souvent vaincu par les souffrances et par la maladie. Toutefois, jamais son imagination n'avoit eu plus de vivacité ni son esprit plus de pénétration. Consumé par les re-

____

(1) Ce travail des plus complets quant au texte, a de plus le mérite d'être accompagné d'une riche collection de dessins et de peintures dont les savants ont admiré l'exactitude, et les artistes le goût et ce qu'ils appellent le *fini*. Tous ces dessins et toutes ces peintures sont de M. Lesueur. Il seroit à regretter qu'un si beau recueil restât enseveli dans son porte-feuille, et qu'il ne trouvât pas la facilité de le faire paroître avec la totalité de l'ouvrage.

doublements d'une fièvre destructive, tourmenté par de cruelles insomnies, cet homme extraordinaire employoit encore sa main mal assurée à tracer les idées dont il se sentoit pénétré; et ces idées, ces dernières pensées étoient pour l'histoire naturelle. Il prouva, dans une Notice sur *l'habitation des animaux marins*, qu'il n'est pas une seule espèce de ces animaux, qui, véritable cosmopolite, soit indistinctement propre à toutes les parties du globe. Dans ce Mémoire, il ne se contente pas de tirer les preuves de son opinion des faits qu'il avoit observés, il y joint encore celles qu'a pu lui fournir une vaste érudition, genre de mérite ajouté dans ses derniers écrits à celui qui leur étoit commun avec les premiers. Ce fut là son dernier effort; exténué par la douleur, réduit au dernier degré de marasme et d'épuisement, sa main défaillante ne secondoit plus sa tête toujours saine, toujours tranquille au milieu d'un tel désordre. Mais s'il ne pouvoit plus écrire, il pouvoit du moins lire et méditer : et il travailloit pour ainsi dire encore, lorsqu'il cessa de vivre, à l'âge de trente-cinq ans, dans un moment où plongé dans une sorte de méditation, il sembloit épier la mort pour l'observer.

Cet événement, qui eut lieu à Cérilly, le 14 Décembre 1810, plongea les deux sœurs de Péron dans la plus amère douleur; elles perdoient dans un frère chéri, l'unique soutien de leur existence. Il étoit venu passer auprès d'elles les derniers jours de sa vie, et leur amour s'étoit flatté de pouvoir conserver par les soins recherchés de la tendresse fraternelle, cet être précieux que les attentions de la plus constante amitié n'avoient pu garantir du coup mortel. On peindroit difficilement le désespoir qui les saisit lorsqu'elles se virent si cruellement déçues dans leurs espérances; et maintenant encore, réduites à un état de fortune voisin de l'absolu dénuement, elles pleurent moins sur les cruelles privations qu'elles éprouvent, que sur la perte irréparable qu'elles ont faite (1).

Péron avoit de la vivacité dans l'esprit, de

---

(1) M. Lesueur, dont l'active et solide amitié voit toujours Péron dans les objets de ses affections, a fait graver le portrait de cet homme extraordinaire, représenté lisant au coin du feu, trois jours avant sa mort. Ce portrait se vend au profit des sœurs de son ami, qui sont aussi estimables que malheureuses.

la chaleur dans le caractère, peut-être une trop grande franchise; mais ces qualités étoient tempérées par l'extrême bonté de son cœur. Ses affections étoient solides et durables ; aussi, *quoiqu'il eût de grands talents, avoit-il beaucoup d'amis* (1). Son ame étoit reconnoissante jusqu'à l'excès : jamais il n'oublia le plus léger service; jamais il ne crut s'être entièrement acquitté de ceux qu'il avoit reçus. Il joignoit une grande mo-

---

(1) Ces amis affligés d'une mort qui leur a été si douloureuse, ont conçu le projet de lui élever un tombeau qui pût attester à la postérité leur amitié et leur affliction. M. Lesueur a exécuté les dessins de ce monument, avec le goût qui caractérise tous ses ouvrages. Il l'a formé du vaisseau *le Géographe*, démâté et recouvert d'une toile. Cette ingénieuse idée de donner à un homme, pour tombeau, le vaisseau même où il exécuta tant de travaux, est pleine de sentiment et de délicatesse. Les inscriptions que M. le docteur Kéraudren a bien voulu faire pour les médaillons qui se trouvent sur les faces de ce monument, achèvent d'inspirer une mélancolie douce et profonde; on y lit entr'autres celle-ci : *Il s'est desséché comme un arbre qui succombe à l'excès de sa fécondité.* La phrase de l'éloge qui a donné lieu à cette note, est entièrement tirée d'une seconde inscription que je ne me rappelle pas assez pour la rapporter textuellement.

destie au sentiment qu'il devoit avoir de ses forces. Ses entretiens et ses manières plaisoient par le naturel et la candeur. Il étoit doué d'un goût fin et délicat, d'un coup-d'œil rapide et sûr. Son esprit embrassoit de front l'étude de toutes les sciences. Il joignoit à une infatigable activité, une constance qui ne pouvoit s'ébranler. Les gens de lettres et les savants apprécioient en lui le mérite de l'écrivain aussi bien que celui du naturaliste. Il lui eut été facile, avec moins de désintéressement (1), de profiter, pour sa fortune, de la faveur dont il jouissoit auprès de plusieurs grands; mais il ne demanda, il ne sollicita jamais aucune place; on lui en offrit d'importantes après son retour : il sut les refuser constamment; il

____

(1) Il donna une preuve bien honorable de ce désintéressement, à son arrivée du voyage de découvertes. Il avoit acheté de ses propres deniers, au port Jackson, à l'Isle de France, au Cap de Bonne-Espérance, un grand nombre d'animaux vivants et d'objets d'histoire naturelle de tout genre; il s'empressa d'en faire le don au Muséum d'histoire naturelle. Circonstance d'autant plus remarquable et digne d'éloges, que sa fortune étoit plus bornée, et qu'il ne trouvoit pas d'exemple d'une telle générosité parmi ses prédécesseurs.

f

craignoit trop d'être détourné de ses travaux favoris, et son goût le dévouoit entièrement à la carrière des voyages. Publier les nombreux matériaux qu'il avoit entre les mains ; s'embarquer pour faire de nouvelles recherches, compléter des observations commencées, vérifier des faits qui lui sembloient douteux : voilà les seuls projets capables d'enflammer son imagination. Peut-on calculer ce qu'auroit pu produire un génie aussi actif, aussi lumineux et aussi profondément observateur, si la mort ne l'eut pas arrêté dès le début de sa carrière ?